YUBISASHI®

なりきり会話練習帳

韓国 食べ歩き

JN274590

情報センター出版局

〈この本の楽しみ方〉

韓国旅行を計画しているあなた、
遊び感覚で会話練習をしてみましょう。

 マークのあるページは、２人で日本人観光客役と韓国人役に“なりきって”会話遊びを楽しめます。

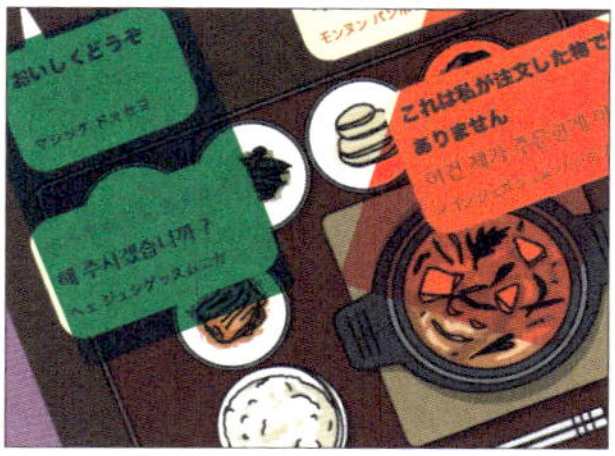

赤と緑のフィルムをお持ちであれば、本格的な暗記学習も可能です。

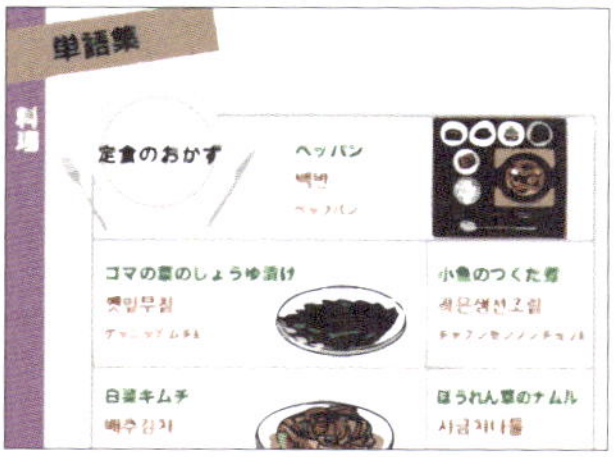

シーンごとの関連単語が巻末にまとまっています。

もちろん現地で、ページを指さすだけで会話ができる〈指さし会話帳〉としても使えます。

YUBISASHI
なりきり会話練習帳
韓国 食べ歩き

content

単語集

料理

飲み物

ファーストフード

粉食・フードコート

おやつ・おつまみ

食材

どじょう汁
추어탕
チュオタング

カルビ
갈비
カルビ

かぼちゃ粥
호박죽
ホバッグジュック

豆腐の炒め物
두부두루치기
ドゥブドゥルチギ

石焼ビビンパ
돌솥비빔밥
ドルソッビビィムバップ

あわびお粥
전복죽
ジョンポックジュック

鶏肉カルビ
닭갈비
タックカルビ
江原道
仁川
じゃがいもお焼き
감자전
ガムジャジョン
大田
サンパプ
쌈밥
サムパップ
慶尚道
慶州
ユッケジャン
육계장
ユッケジャン
釜山
ネギ焼き
동래파전
ドンナェパジョン
タコの踊り食い
산낙지
ナンナックジ

おなかがすいた～！！
배고프다
ベェゴプダ

～が食べたい
~ 가 먹고싶다
～ガモッコシップ タ

～を食べてみたい
먹어보고 싶습니다만
モゴボゴシップ スムニダマン

予約
예약
イェーヤック

必要ですか？
필요합니까 ?
ピリョハムニカ

どこにありますか？
어디에 있습니까 ?
オディエ イッスムニカ

～時に～名でお願いします。
~ 시 ~ 명 부탁합니다
～シ～ミョン ブタックハムニダ

一人前でもいいですか？
일인분도 가능합니까 ?
イルインブンド ガノォンハムニカ

値段が～
가격이
ガキョギ

手頃
적당하다
ジョックタンハダ

2人前から
이인분부터
イインブンブトゥ

高い
비싸다
ビサダ

安い
싸다
サダ

韓国料理 한국요리 ハングンヨリ	カルビ 갈비 カルビ	鶏カルビ 닭갈비 タックカルビ	粉食 분식 ブンシック
参鶏湯 삼계탕 サムゲタン	さしみ 회 フェー	すし 초밥 チョバップ	のり巻き 김밥 キムバップ
民俗酒場 민속주점 ミンソックジュジョム	日本料理 일본요리 イルボンヨリ	中華料理 중화요리 ジュンファヨリ	宮廷料理 궁정요리 グンジョンヨリ
伝統料理 전통요리 ジョントンヨリ	郷土料理 향토요리 ヒャントヨリ	西洋料理 서양요리 ソヤンヨリ	田舎料理 시골요리 シゴルヨリ
外国料理 외국요리 ウェグックヨリ	元祖 원조 ウォンジョ	専門 전문 ジョンムン	～食堂 ～식당 シックタン
～店 ～집 ジップ	～屋 ～옥 オック	～会館 ～회관 フェグワン	模範食堂 모범식당 モボムシックタン

入店・受付1

いらっしゃいませ
어서오십시오
オソオシップ シヨ
何名様ですか？
몇분이십니까 ?
ミョプニシムニカ
空席がありますか？
빈자리가 있습니까 ?
ピンザリガ イッスムニカ
~人ですけど入れますか？
~ 명인데 들어갈수 있습니까 ?
~ミョンインデ トゥロカルスイッスムニカ
はい
예
イェ
こちらへどうぞ
이쪽으로 오십시오
イチョグロ オシップ シヨ

いらっしゃいませ
어서오십시오
オソオシㇷ゚ シヨ
何名様ですか？
몇분이십니까？
ミョプニシㇺニカ
空席がありますか？
빈자리가 있습니까？
ピンザリガ イッスㇺニカ
〜人ですけど入れますか？
~ 명인데 들어갈수 있습니까？
〜ミョンインデ　トゥロカルスイッスㇺニカ
はい
예
イェ
こちらへどうぞ
이쪽으로 오십시오
イチョグロ オシㇷ゚ シヨ

どれくらい待ちますか？
어느정도 기다려야 합니까 ?
オヌジョンド ギダリョヤ ハムニカ
どれくらいお時間がかかりますか？
시간은 어느정도 걸립니까 ?
シガヌン オヌ ジョンド コルリムニカ
15分
십오분
シボーブン
20分
이십분
イシップン
30分
삼십분
サムシップン
それじゃ、待ちます
그러면 기다리겠습니다
クロミョン ギダリゲッスムニダ
じゃあ、いいです
그렇다면 됐습니다
クロタミョン トゥェスムニダ

どれくらい待ちますか？
어느정도 기다려야 합니까？
オヌジョンド ギダリョヤ ハムニカ
どれくらいお時間がかかりますか？
시간은 어느정도 걸립니까？
シガヌン オヌ ジョンド コルリムニカ
15 分
십오분
シボーブン
20 分
이십분
イシップン
30 分
삼십분
サムシップン
それじゃ、待ちます
그러면 기다리겠습니다
クロミョン ギダリゲッスムニダ
じゃあ、いいです
그렇다면 됐습니다
クロタミョン トゥェスムニダ

店の人を呼ぶ

すみませ〜ん
여기요
ヨギヨ
おばさ〜ん
아줌마
アジュムマ
お姉さん
아가씨
アガシ
メニューを下さい
메뉴판 주십시요
メニューパン ジュシップ シヨ
日本語メニューはありますか？
일본어 메뉴판 있습니까？
イルボンオ メニューパン イッスムニカ
メニューをどうぞ
뉴입니다
メニュー イムニダ
메뉴

が食べたい
~가 먹고싶다
~ガ モッコ シップダ

		汁 국 グック	スープ 탕 タン	麺 면 ミョン
ご飯 밥 バップ	炒め物 볶음 ボックム	蒸し物 찜 チム	煮物 조림 ジョリム	焼き物 구이 グイ
卵をつけて焼いた物 전 ジョン		揚げ物 튀김 トィギム	和え物 무침 ムチィム	混ぜる物 비빔 ビビム
包む物 쌈 サアム	さしみ 회 ヘェー	チゲ 찌게 チゲ	鍋 전골 ジョンゴル	おかゆ 죽 チュック

ご注文は？
주문하시겠어요 ?
ジュムン ハシゲッソヨ
おすすめはどれですか？
어떤게 맛있는지 골라주세요
オトンゲ マシンヌンジ ゴルラ ジュセヨ
辛いですよ
매워요
メウォヨ
辛くないですよ
맵지 않아요
メッブ ジアナヨ
どんな味ですか？
무슨 맛이에요 ?
ムスン マシエヨ
あまり辛くしないでください
맵지 않게 해 주세요
メッブ ジアンケヘジュセヨ
辛くないのはどれですか？
맵지 않은것은 어느 것 입니까 ?
メッブ ジアヌンゴスン　オヌゴシムニカ
～は食べられません
~은 먹을수 없습니다
～ウン　モゴルスオッブ ソヨ

ご注文は？
주문하시겠어요 ?
ジュムン ハシゲッソヨ
おすすめはどれですか？
어떤게 맛있는지 골라주세요
オトンゲ マシンヌンジ ゴルラ ジュセヨ
辛いですよ
매워요
メウォヨ
辛くないですよ
맵지 않아요
メッツジアナヨ
どんな味ですか？
무슨 맛이에요 ?
ムスン マシエヨ
あまり辛くしないでください
맵지 않게 해 주세요
メップ ジアンケヘジュセヨ
辛くないのはどれですか？
맵지 않은것은 어느 것 입니까 ?
メップ ジアヌンゴスン　オヌゴシムニカ
～は食べられません
～은 먹을수 없습니다
～ウン　モゴルスオップ ソヨ

～を～人分下さい	1	2	3	4	5
~ 를 ~ 인분 주세요	일	이	삼	사	오
～ルル ～インブン ジュセヨ	イル	イ	サム	サ	オ

あの人が食べているのはどれですか？
저사람이 먹고 있는것은 어느 것 입니까 ?
ジョサラミ モッコインヌンゴスン オヌグシムニカ
ある
된다
トゥェンダ
ない
안된다
アントゥェンダ
一人用がありますか？
일인분 됩니까 ?
イルインブン トゥェムニカ
おいしくしてください
맛있게 해주세요
マシッケ ヘェ ジュセヨ
とりあえずこれぐらいにしておきます
이 정도로 하겠습니다
イジョンドロ ハゲッスムニダ
ちょっと待ってね
잠깐만
ジャムカンマン

～を～人分下さい ~ 를 ~ 인분 주세요 ～ルㇽ ～インブン ジュセヨ	1 일 イㇽ	2 이 イ	3 삼 サㇺ	4 사 サ	5 오 オ

あの人が食べているのはどれですか？
저사람이 먹고 있는것은 어느 것 입니까 ?
ジョサラミ モッコインヌンゴスン オヌグシㇺニカ

ある	ない
된다	안된다
トゥェンダ	アントゥェンダ

一人用がありますか？
일인분 됩니까 ?
イルインブン トゥェㇺニカ

おいしくしてください
맛있게 해주세요
マシッケ ヘェ ジュセヨ

とりあえずこれぐらいにしておきます
이 정도로 하겠습니다
イジョンドロ ハゲッスㇺニダ

ちょっと待ってね
잠깐만
ジャムカンマン

～を下さい
～주세요
ジュセヨ

～本
～병
ビョン

～杯
～잔
ジャン

飲み物を先に下さい
음료수 먼저 갖다주세요 .
ウムリョス モンジョ カッタ ジュセヨ

ビール
맥주
メックジュ

マッコリ
막걸리
マッコルリ

地酒
지방술
ジバンスル

焼酎
소주
ソジュ

お飲物は？
음료수는 ?
ウムニョスヌン

サイダー
사이다
サイダ

コーラ
콜라
コルラ

1	2	3	4	5	6	7	8	9	10
한	두	세	네	다섯	여섯	일곱	여덟	아홉	열
ハン	ドゥ	セェ	ネェ	タソッ	ヨソッ	イルゴップ	ヨドル	アホップ	ヨル

伝統酒 전통주 ジョントンジュ	安東焼酎 안동소주 アンドンソジュ	梅老酒 매화주 メファジュ	百済酒 백제주 ベックジェジュ
珍土フン酒 진도홍주 ジンドホォングジュ	ムンベ酒 문배주 ムンベェジュ	イガン酒 이강주 イガンジュ	ドンドン酒 동동주 ドンドンジュ
法酒 법주 ボップ ジュ	杜鵑酒 두견주 ドゥギョンジュ		

おいしくどうぞ
맛있게 드세요
マシッケ ドォセヨ
食べ方を教えてください
먹는 방법 가르쳐주세요
モンヌン バンボップ カルチョジュセヨ
やってもらえますか？
해 주시겠습니까 ?
ヘジュシゲッスムニカ
これは私が注文した物ではありません
이건 제가 주문한게 아닙니다
イゴン ジェガ ジュムンハンゲ アニムニダ
いただきます
잘 먹겠습니다
ジャルモッケッスムニダ

焼く	煮る	蒸す	揚げる
굽다	졸이다	찌다	튀기다
クップタ	ジョリダ	チダ	トィギダ

炒める	和える	包む	混ぜる
볶다	무치다	싸다	비비다
ボックダ	ムチダ	サァダ	ビビィダ

追加オーダー1

ほかの注文は？
그외에 다른 주문이 있습니까？
クウェエ　ダルンジュムニイッスムニカ
何か追加しますか？
뭐 더 드릴까요？
ムオ ド ドゥリルカヨ
友達にここを教えてもらいました
친구들이 가르쳐 주었어요
チングドゥリ カルチョ ジュオッソヨ
ラストオーダーです
마지막 주문입니다
マジマック ジュムニムニダ
おかわり
더 주세요
ドォ ジュセヨ
けっこうです
됐습니다
テッスムニダ
キムチ
김치
キムチ
サンチュ
상추
サンチュ
ナムル
나물
ナムル
塩辛
젓갈
ジョッカル
～のおかわりをください
～을（를）좀 더 주세요
～ウル（ルル）　チョムド　ジュセヨ

ほかの注文は？
그외에 다른 주문이 있습니까 ?
クウェエ　ダルンジュムニイッスムニカ
何か追加しますか？
뭐 더 드릴까요 ?
ムオ ド ドゥリルカヨ
友達にここを教えてもらいました
친구들이 가르쳐 주었어요
チングドゥリ カルチョ ジュオッソヨ
けっこうです
됐습니다
テッスムニダ
おかわり
더 주세요
ドォ ジュセヨ
ラストオーダーです
마지막 주문입니다
マジマック ジュムニムニダ
キムチ
김치
キムチ
サンチュ
상추
サンチュ
ナムル
나물
ナムル
塩辛
젓갈
ジョッカル
～のおかわりをください
~ 을 (를) 좀 더 주세요
～ウル（ルル）　チョムド　ジュセヨ

ようじ	灰皿	茶碗	ナイフ	フォーク	石鍋
이쑤시게	재떨이	밥그릇	나이프	포크	돌솥
イスシゲ	ジェトリ	パップグルッ	ナイプ	フォク	ドルソッ

皿	食器
접시	식기
ジョップシ	シッキ

おしぼり
물수건
ムルスゴン

スプーン
숟가락
スッカラッ

～をください
～을(를)주세요
～ウル（ルル）ジュセヨ

はし
젓가락
ジョッカラック

水	コップ
물	컵
ムル	コプ

トゥッペギ	盆	急須	湯のみ	お椀
뚝배기	쟁반	다기	찻잔	국그릇
トゥッペギ	ジェンバン	タギ	チャッヅャン	グックルッ

調味料 조미료 ジョミリョ	**唐辛子味噌** 고추장 ゴチュジャン	**テンジャン味噌** 된장 デンジャン	**唐辛子** 고춧가루 ゴチュカル	**塩** 소금 ソグㇺ
さとう 설탕 ソルタン	**こしょう** 후추 フチュ	**しょうゆ** 간장 ガンジャン	**ごま油** 참기름 チャㇺギルㇺ	**しょうが** 생강 センガン
にんにく 마늘 マヌㇽ	**酢** 식초 シㇰチョ	**サムジャン** 쌈장 サムジャン	**ごま** 깨 キェ	**酒** 술 スㇽ
わさび 와사비 ワサビ	**練りからし** 겨자 ギョジャ	**ケチャップ** 케찹 ケチャップ	**マヨネーズ** 마요네즈 マヨネーズ	**ソース** 소스 ソース

料理の感想1

お味はいかがですか？
맛은 어때？
マスンオテェ
辛い
맵다
メッブ タ
しょっぱい
짜다
チャダ
渋い
떫다
トォルタ
しつこい
기름지다
キルムジダ
甘い
달다
ダルダ
味がうすい
싱겁다
シンゴップ ダ
香ばしい
고소하다
コソハダ
苦い
쓰다
スダ
すっぱい
시다
シダ
すきっとする
시원하다
シウォンハダ
おいしい
맛있다
マシッタ
物足りない
뭔가 부족하다
ムォンガブジョッカダ

さっぱり
담백하다
ダㇺベェッカダ

まろやか
부드럽다
ブドォロプッタ

コクがある
감칠맛이 있다
カㇺチㇽマシイッタ

油っこい
느끼하다
ヌキハダ

風味がいい
풍미가 있다
プンミガイッタ

コクがない
감칠맛이 없다
カㇺチㇽマシオップタ

生ぐさい
비린내
ビリンネ

あまり～ない
별로～지 않다
ビョロ～ジアンタ

料理の感想2

死ぬほどおいしい
둘이 먹다 하나가 죽어도 모르겠다
ドゥリモッタ ハナガ ジュグォド モルゲッタ

くせになりそう～！！
중독이 될것같다
ジュントギトゥェルコッカタ

熱い
뜨겁다
トゥゴップタ

とても
너무~
ノム

やわらかい
부드럽다
ブドォロップタ

軽い
가볍다
カビョップタ

多い
많다
マンタ

まずい
맛없다
マッオップ タ

冷たい
차다
チャダ

これは苦手です
이건 잘 못먹어요
イゴン ジャル モッモゴヨ

すこし
조금~
ジョクム

かたい
딱딱하다
タックタックッハダ

重い
무겁다
ムグップ タ

少ない
적다
ジョクタ

～でない
～지 않다
～ジアンタ

焼肉

200
이백
イベェック

250
이백오십
イベェックオシップ

300
삼백
サムベェック

一人前何グラムですか？
일인분 몇 그램입니까？
イルインブン ミョッ グレムミムニカ

一台
1 대
ハンデ

一人分
1 인분
イルインブン

もう食べていい？
이젠 먹어도 됩니까？
イゼェンモゴドゥェムニカ

まだ
아직
アジック

いいよ
괜찮아요
グェンチャナヨ

切って下さい
잘라주세요
ジャルラジュセヨ

はさみを貸してください
가위 주세요
カウィ ジュセヨ

火を強く（弱く）してください
불을 세게（약하게）해주세요
ブルル セゲ（ヤッカゲ）ヘジュセヨ

牛肉 소고기 ソゴギ	豚肉 돼지고기 トゥェジゴギ	味付きカルビ 갈비 カルビ	生カルビ 생갈비 センカルビ	プルゴギ 불고기 プルゴギ
ロース 등심 トゥンシム	豚肉カルビ 돼지갈비 トゥェジカルビ	バラ肉 삼겹살 サムギョップサル	豚肉プルゴギ 돼지불고기 トゥェジプルゴギ	ホルモン 곱창 ゴップチャン
薬念 양념 ヤンニョム	サンチュ 상추 サンチュ	ごまの葉 깻잎 ケッニップ	キムチ 김치 キムチ	にんにく 마늘 マヌル
ナムル 나물 ナムル	みそ 된장 トゥェンジャン	塩 소금 ソゴム	ごま油 참기름 チャムギルム	青唐辛子 풋고추 プッコチュ

網をかえてください
철판을 바꿔주세요
チョルパンウル　パックォジュセヨ

炭を足して下さい
숯을 더 넣어주세요
スッスル ド ノォ ジュセヨ

炭火
숯불
スップル

もっと混ぜた方がいいよ
더 비비는게 좋아
ド ビビヌンゲ ジョア
もっと汁を入れたら？
국물을 조금 더 넣으면 어때요 ?
グンムルル ジョグム ド ノウミョン オテヨ
これくらいでいいですか？
이정도면 됩니까 ?
イジョンドミョントゥェムニカ
コチュジャンをもっと下さい
고추장 좀더 주세요
コチュジャン ジョムド ジュセヨ

～を下さい

~ 주세요

ジュセヨ

ビビンパ 비빔밥 ビビムバップ	石焼ビビンパ 돌솥비빔밥 ドルソッビビムバップ	ユッケビビンパ 육회비빔밥 ユッケビビムバップ
明太子ビビンパ 명란비빔밥 ミョンランビビムバップ	山菜ビビンパ 산채비빔밥 サンチェビビムバップ	タコビビンパ 낙지비빔밥 ナックジビビムバップ

冷麺 냉면 ネンミョン	みそチゲ 된장찌개 トゥェンジャンチゲ	カルビタン 갈비탕 カルビタン	石焼ご飯 돌솥밥 ドルソッバップ

これを刺し身にして下さい
이걸로 해주세요
イゴォロ ヘェジュセヨ

厚切り
두껍게
ドゥッコップ ケ

薄切り
얇게
ヤップ ゲ

メウンタンを作って下さい
매운탕 해주세요
メウンタン ヘ ジュセヨ

アワビのおかゆ
전복죽
ジョンボックジュック

韓国語で何と言いますか？
한국말로 뭐라고 해요？
ハングッマルロ ムォラゴヘヨ

日本ではとても高いんです
일본에서는 너무 비싸다
イルボネソヌン ノム ビッサダ

日本語では～と言います
일본말로는 ~ 라고 해요
イルボンマルロヌン ラゴヘヨ

初もの 맏물 マッムル	旬 제철 ジェチョル	養殖 양식 ヤングシック	天然 천연 チョンヨン	タラ 대구 デェグ	鯛 돔 ドム	いしもち 조기 ジョギ

さんま 꽁치 コンチ	サバ 고등어 コトゥンオ	スケドウダラ 명태 ミョンテェ	ヒラメ 넙치 ノップチ	太刀魚 갈치 カルチ
しょうゆ 간장 ガンジャン	わさび 와사비 ワサビ	チョコチュジャン 초고추장 チョゴチュジャン	サムジャン 쌈장 サムジャン	マッジャン 막장 マックジャン

鍋 전골 ジョンゴル	スープ 탕 タン	魚のスープ 생선국 センソンクック	魚の辛いスープ 매운탕 メウンタン

太刀魚のスープ 갈치국 カルチクック	甘鯛のスープ 옥돔국 オックドムクック	ふぐのスープ 복국 ボックック
ふぐの辛いスープ 복지리 ボックチリ	うにわかめスープ 성게미역국 ソムゲミヨックック	どじょう汁 추어탕 チュオタン
海鮮鍋 해물탕 ヘムルタン	タコの炒め鍋 낙지볶음 ナックチポクム	水中鍋 수중전골 スジュンジョンゴル

食後

食事を終わりましたか？
벌써 다 드셨어요 ?
ボルッソ　ダ　ドゥショッソヨ
はい
예
イェ
いいえ
아니요
アニョ
ちょっと待ってください
잠깐만요
ザムカンマニョ
食べ過ぎた
너무 많이 먹었다
ノムマニモゴッタ
下げないでください
치우지 마세요
チウジ マセヨ
まだ食べます
아직 덜 먹었습니다
アジック ドル モゴッスムニダ
コーヒーはセルフサービスです
커피는 셀프서비스입니다
コピヌン セルプソビス イムニダ
お腹いっぱい
배부르다
ベブルダ

トイレはどこですか？	男性用	女性用
화장실은 어디에요 ?	남자	여자
ファジャンシルン オディエヨ	ナムジャ	ヨジャ

おいしかったです
맛있었습니다
マシッソッスムニダ
伝票がまだです
아직 전표를 받지 않았는데요
アジッㇰ ジョンピョルㇽ バッヂアナンヌンデヨ
ごちそうさま
잘 먹었습니다
ジャㇽ モコッスムニダ
お勘定してください
계산해 주세요
ゲサネ ジュセヨ
カードで払えますか？
카드 사용할 수 있습니까？
カドゥサヨンハルスイッスムニカ
持ち帰りできますか？
가지고 갈 수 있습니까？
カジゴカルス　イッスムニカ
はい
예
イェ
いいえ
아니요
アニョ
おごります
제가 낼께요
ジェガ ネルケヨ
割り勘
각자부담
カッチャブダム

W	원	ウォン
1	일	イル
2	이	イ
3	삼	サム
4	사	サ
5	오	オ
6	육	ユック
7	칠	チル
8	팔	パル
9	구	グ
10	십	シップ
11	십일	シップイル
12	십이	シップイ
50	오십	オシップ
100	백	ベック
200	이백	イベック
300	삼백	サムベック
500	오백	オベック
1000	천	チョン
10000	만	マン

おいしそ～
맛있겠다
マシッケッタ
これは何ですか？
이것은 뭐에요？
イゴスン ムォエヨ
食べごろはいつ？
언제 먹을수 있나요？
オンジェモグルス イッナヨ
いくらですか
얼마입니까？
オルマイムニカ
これください
이것 주세요
イコッ ジュセヨ
おいし～よ～
맛있어 ~
マシッソ
見ていていいですか？
봐도 괜찮아요？
ボァドクェンチャナヨ
写真をとってもいいですか？
사진 찍어도 괜찮아요？
サジンチゴドクェンチャナヨ
OK
오케이
オーケイ
ダメ
안됩니다
アンドゥェムニダ

どれですか？

어느것 입니까 ?

オノゴッシムニカ

おすすめは

권해준다면

クォンヘジュンダミョン

人気があるのは

인기가 있는것은

インキガイッヌンゴスン

ここの名産は

여기의 특산품은

ヨギエ トックサンプムン

あまり辛くないものは

많이 맵지 않은것은

マニ メップ チ アヌンゴスン

季節のものは

지금 나오는것은

ジゴム ナオヌンゴスン

お店・市場2

味見してもいい？
맛봐도 괜찮아요？
マッバド グェンチャナヨ

おまけしてね
깎아 주세요
カッカ ジュセヨ

別々に包んで下さい
따로따로 싸 주세요
タロタロ ッサ ジュセヨ

～₩分ください
～원 어치 주세요
～ウォン オチ ジュセヨ

袋を二重にして下さい
봉지를 이중으로 해주세요
ボンジルゥル イジュンウロ ヘェジュセヨ

明日食べても大丈夫？
내일 먹어도 괜찮습니까？
ネイル モゴド クェンチャンスムニカ

1000	2000	3000
천	이천	삼천
チョン	イチョン	サムチョン

OK	今日中
예	오늘중
イェ	オヌルジュン

1週間
일주일
イルチュイル

あとで取りに来ます。預かってもらえますか？
나중에 가지러 올테니까 , 좀 맡아주세요
ナジュンエ カジロオルテニカ ジョム マタジュセヨ

すぐに冷蔵庫に入れなくても大丈夫ですか？
바로 냉장고에 넣지 않아도 괜찮아요 ?
バロ ネンジャンゴエ ノッジ アナド ケンチャナヨ

タッパーに入れて下さい
타파에 넣어주세요
タッパーエ ノオ ジュセヨ

キムチ 김치 キムチ	**白菜キムチ** 배추김치 ベチュウキムチ	**大根キムチ** 깍두기 カックトゥギ	**からし菜キムチ** 갓김치 カッキムチ	**チョンガキムチ** 총각김치 チョンガックキムチ
ネギキムチ 파김치 パキムチ	**水キムチ** 물김치 ムルキムチ	**キュウリのキムチ** 오이김치 オイキムチ	**ボッサム** 보쌈 ボッサム	

にんにくのしょうゆ漬け 마늘장아찌 マヌルジャアチアチ	**ごまの葉の唐辛子みそ漬け** 깻닢지 ケッニップジ	**ごまの葉のしょうゆ漬け** 깻잎장아찌 ケッツニップジャンアチ
カニの唐辛子みそ漬け 게장 ゲェジャン	**カニのしょうゆ漬け** 간장게장 ガンジャングゲジャン	**切り干し大根の唐辛子みそ漬け** 무말랭이무침 ムウマルレンイムチム
唐辛子のみそ漬け 고추장아찌 ゴチュジャンアチ	**つるにんじんの和え物** 칡무침 チックムチム	**さきいかの和え物** 오징어포무침 オジンオポムチム

お茶

のどが渇いた
목기 마르다
モギ マルダ

~に行こう
~으로 가자 /~ 로 가자
~ウロ ガザァ / ~ロ ガザァ

喫茶店
찻집
チャッチィップ

お茶しない？
차 안마실래 ?
チャ アン マシルレ

~が飲みたい
~마시고 싶다
マシゴ シップ ダ

伝統茶室
전통찻집
ジョントンチャッチィップ

カフェ
카페
カペェ

~のおかわりをください
~좀 더 주세요
ジョム ドゥ ジュセヨ

昔風の喫茶店
다방
タバン

コーヒー	紅茶	アイスクリーム	ジュース	お菓子
커피	홍차	아이스크림	쥬스	과자
コピー	ホンチャ	アイスクリム	ジュース	クヮザ

伝統茶 전통차 ジョントンチャ	うめ茶 매실 メシル	水正果 수정과 スジョングヮ	カリン茶 모과 モグヮ	高麗人参茶 인삼차 インサムチャ
ゆず茶 유자차 ユザチャ	しょうが茶 생강차 センカンチャ	なつめ茶 대추차 ダェチュチャ	はと麦茶 율무차 ユルムチャ	緑茶 녹차 ノックチャ
シナモン茶 계피차 ゲピチャ	サンファ茶 쌍화차 サンファチャ	くずの葉茶 칡차 チィッチャ	オミジャ茶 오미자차 オミジャチャ	クキジャ茶 구기자차 クギジャチャ

店内でお召し上がりですか？
여기서 드실겁니까？
ヨギソ ドゥシルコムニカ
今すぐ食べます
지금 바로 먹겠습니다
ジグム バロ モッケッスムニダ
持ち帰りです
가지고 갈거에요
カジゴ カルクォエヨ
袋に入れてください
봉지에 넣어주세요
ボンジィエ ノオ ジュセヨ
持込してもいいですか？
가지고 들어가도 됩니까？
カジゴドゥロガド トゥェムニカ
아 차
いいよ
돼요
トゥェヨ
ダメ
안돼요
アントゥェヨ

屋台	포장마차	ポジャンマチャ
お通し	기본안주	ギボンアンジュ
焼きとり	꼬치구이	コチグイ
ホヤ	멍게	モンゲ
うなぎ	꼼장어	コムジャンオ
焼きエビ	새우구이	サェウグイ
生ガキ	생굴	セングル
うどん	우동	ウドン
ラーメン	라면	ラミョン
ソーメン	국수	グックス
オドルッピョ	오돌뼈	オドルピョ
貝焼き	조개구이	ジョゲグイ
くじら	고래	コレエ

~ください
~주세요
~ジュセヨ

熱々をちょうだい
금방 나온 것으로 주세요
グォンバン ナオンゴスロ ジュセヨ

1個ならいくら？
한개는 얼마에요
ハンゲェヌン オルマエヨ

オデン
오뎅
オデン

トッポッキ
떡볶이
トックポッキ

のりまき
김밥
キムバップ

パジョン
파전
パァジョン

1本だけ食べます
한개만 먹을게요
ハンゲマン モグルケヨ

よく焼いてください
잘 구워 주세요
ジャル クゥォ ジュセヨ

するめ
오징어
オジンオ

かわはぎ
쥐포
ジィポ

とうもろこし
옥수수
オックスス

餅をたくさん入れてね
떡을 많이 넣어주세요
~ックルマニノオジュセヨ

卵を入れないで
계란 넣지마세요
ギェラン ノォッチ マセヨ

たいやき
붕어빵
ブンオパン

1人前
일인분
イリンブン

いくらですか？
얼마입니까？
オルマイムニカ

小豆の汁粉 단팥죽 ダンパッチュク	黒砂糖いりお焼き 호떡 ホトック	ハルサメ炒め 잡채 ジャプチェ	ねぎ焼き 파전 パァジョン	餃子 만두 マンドゥ
天ぷら 튀김 トゥィギム	かぼちゃのおかゆ 호박죽 ホパックジュック	焼きとり 닭꼬치 タックコチ	腸詰め 순대 スンデ	さなぎ蒸し 번데기 ボンデギ

日本人なの？
열본인이세요？
イルボニンイセヨ？

はい
예
イェ

こんにちは
안녕하세요
アンニョンハセヨ

誰と来たの？
누구랑 같이 왔어？
ヌグラン カチ ワッソ

ひとり	友人と	恋人と	家族と
혼자	친구랑	연인과	가족과
ホンジャ	チングラン	ヨンイングヮ	カジョックガ

どこから来たの？
일본어디야？
イルボン オディヤ

東京	大阪	九州	神戸	名古屋	～の近く
동경	오오사카	큐슈	고오베	나고야	～근처
ドンギョン	オオサカ	キュスゥ	コーベ	ナゴヤ	～ゴンチョ

韓国は初めて？
한국은 처음 왔어？
ハンググンチョウムワッソ

初めて
처음이예요
チョウムイェヨ

２度目
두번째
ドゥボンチェ

よく来ます
자주 옵니다
ジャジュオムニダ

歳はいくつ？
몇살이야？
ミョッサリヤ

１０代
십대
シッブデ

２０代
이십대
イシッブデ

３０代
삼십대
サムシップデ

秘密
비밀
ビミル

結婚してるの？
결혼했어요？
キョロンヘッソヨ

まだ
아직
アジック

してる
했어요
ヘェッソヨ

募集中
찾고있는 중이에요
チャッコインヌン
ジュングイエヨ

いつ帰るの？
언제 돌아가요？
オンジェ ドラガヨ

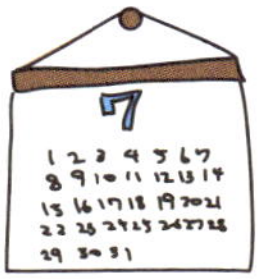

また来てね
또 와요
トォワヨ

さようなら
안녕히계세요
アンニョンヒゲェセヨ

鶏・豚・ホルモン

～を下さい
～주세요
ジュセヨ

鶏肉
닭고기
タックコギ

鴨
오리
オリ

参鶏湯
삼계탕
サムゲタン

タッカルビ（鶏肉カルビ）
닭갈비
タックカルビ

鶏肉とジャガイモの煮込み
닭도리탕
タックトリタン

蒸し豚
보쌈
ボサム

豚足
족발
チョックバル

小腸の辛炒め
곱창볶음
ゴップチャンボクム

カルビの蒸しもの
갈비찜
カルビチム

ゆで肉
수육
スユック

ホルモン屋
곱창집
ゴップチャンジップ

腎臓
콩팥
コンパッ

脊髄
등골
ドゥンゴル

心臓
염통
ヨムトン

素焼き小腸
곱창구이
コップチャングイ

味付き小腸
양념곱장
ヤンニョムゴップチャン

ごはんもの

～を下さい
~ 주세요
ジュセヨ

ビビンパ 비빔밥 ビビィムバップ	**石焼ビビンパ** 돌솥비빔밥 ドルソッビビィムバップ	**ユッケビビンパ** 육회비빔밥 ユッケビビィムバップ
明太子ビビンパ 명란비빔밥 ミョンランビビィムバップ	**山菜ビビンパ** 산채비빔밥 サンチェビビィムバップ	**タコビビンパ** 낙지비빔밥 ナックジビビィムバップ
釜飯 가마솥밥 カマソッバップ	**麦飯** 보리밥 ボリバップ	**豚肉丼** 제육덮밥 ジェユックドッバップ
もやし汁ご飯 콩나물국밥 コンナムルグックバップ	**豚汁ご飯** 돼지국밥 デェジグックバップ	**キムチチャーハン** 김치볶음밥 キムチボクムバップ
刺し身丼 회덮밥 フェドッバップ	**サンパプ** 쌈밥 サムバップ	**のり巻き** 김밥 キムバップ

定食のおかず

ペッパン
백반
ベックパン

ゴマの葉のしょうゆ漬け
깻잎무침
ケンニップ ムチム

小魚のつくだ煮
작은생선조림
チャグンセンソンチョリム

白菜キムチ
배추김치
ペチュキムチ

ほうれん草のナムル
시금치나물
シグムチナムル

からしなの水キムチ
열무물김치
ヨルムムルキムチ

もやしのナムル
콩나물무침
コンナムル ムチム

にんにくの
しょうゆ漬け
마늘짱아찌
マヌル チャンアチ

みそ汁
된장국
テンジャングク

大根汁
무국
ムクグ

魚の素揚げ
생선튀김
センソントィキム

ツルにんじんのとうがらしみそ漬け
더덕무침
ドトクムチム

定食のおかず

いわしの塩辛
멸치젓갈
ミョルチジョッカル

いわしの素揚げ
멸치튀김
ミョルチトィキム

いわしの炒め
멸치볶음
ミョルチボックム

テンジャンみそ
된장
テンジャン

おからのチゲ
비지찌개
ビジチゲ

きのこの炒めもの
버섯볶음
ボソッボクン

もやしのスープ
콩나물국
コンナムル クッグ

キムチ
김치
キムチ

ナムル
나물
ナムル

サンチュ
상추
サンチュ

塩辛
젓갈
ジョッカル

肉のスープ

	肉のスープ 고기국 ゴギクック 		スープ 탕 タン
スープ 국 グック 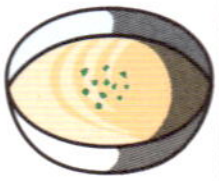	コムタン 곰탕 コムタン	ソルロンタン 설렁탕 ソルロンタン	ヘジャンクッ 해장국 ヘェジャングック
トガニタン 도가니탕 トガニタン	ユッケジャン 육계장 ユッケジャン	カルビタン 갈비탕 カルビタン	ウゴジカルビタン 우거지갈비탕 ウゴジカルビタン
タッケジャン 닭계장 タッケジャン	チゲ 찌게 チゲ	キムチチゲ 김치찌게 キムチチゲ 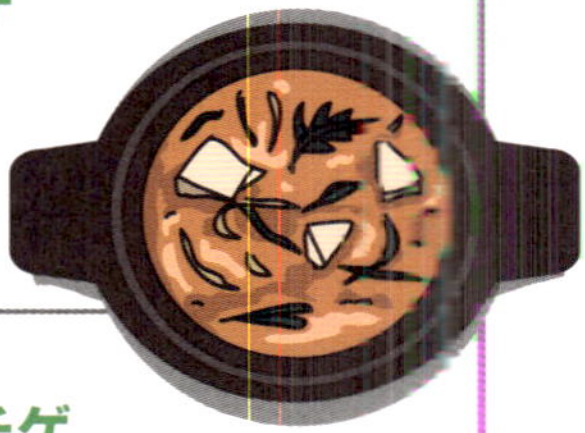	
みそチゲ 된장찌게 デェンジャンチゲ	スンドゥブチゲ 순두부찌게 スンドゥブチゲ	海鮮みそチゲ 해물된장찌게 ヘェムルデェンジャンチゲ	
ハム、ソーセジ入りチゲ 부대찌게 ブデェチゲ 		ミックスチゲ 섞어찌게 ソックコチゲ 	

おもな麺

	冷麺 냉면 ネンミョン 	平壌冷麺 평양냉면 ペョンヤンネンミョン
咸興冷麺 함흥냉면 ハムホォングネンミョン	くずの根の冷麺 칡냉면 チックネンミョン	マッククス 막국수 マックックス
ムルマッククス 물막국수 ムルマックックス	ビビムマッククス 비빔막국수 ビビィムマックックス	ジョルミョン 쫄면 チョルミョン
ククス 국수 クックス 	カルククス 칼국수 カルクックス	まぜうどん 비빔국수 ビビィムグックス
さしみうどん 회국수 フェグックス	豆乳うどん 콩국수 コンググックス	うどん 우동 ウドン 
そば 메밀국수 メミルグックス 	ラーメン 라면 ラミョン 	温麺 온면 オンミョン

ソフトドリンク

ソフトドリンク
소프트드링크
ソプトゥドゥリンク

ハトムギ茶
율무차
ユルムチャ

ゆず茶
유자차
ユジャチャ

しょうが茶
생강차
シェンガンチャ

シッケ
식혜
シッケ

緑茶
녹차
ノックチャ

牛乳
우유
ウユ

ココア
코코아
ココア

サイダー
사이다
サイダー

ジュース
쥬스
ジュース

コーラ
콜라
コーラ

フルーツジュース
후루츠쥬스
フルーツジュース

コーヒー **커피** コピー 	**レギュラーコーヒー** **원두커피** ウォンドゥコピー
香りコーヒー **향커피** ヘャンコピー	**アイスコーヒー** **아이스커피** アイスコピー
紅茶 **홍차** ホンチャ 	**アイスティー** **아이스티** アイスティ
アイスクリーム **아이스크림** アイスクリム 	**ヨーグルトドリンク** **요구르트드링크** ヨーグルトドリンク

ミネラルウォーター
미네랄워터
ミネラルウォトゥー

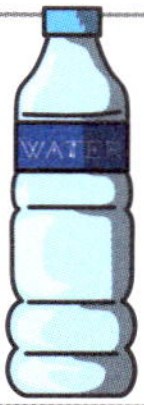

~を１杯ください
~을 한잔 주세요
~オル ハンジャン ジュセヨ

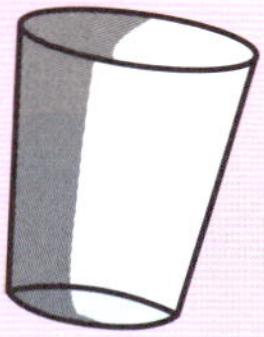

ソフトドリンク

モメチョッタドリンク（体にいい飲み物）
건강음료
コンガンウムリョ

松
솔
ソル

梅
매실
メシル

アロエ
알로에
アロエ

豆乳
두유
ドゥユ

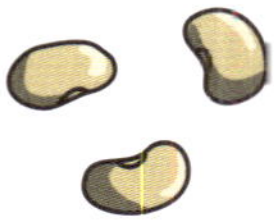

野菜
야채
ヤチェ

お米
쌀
サル

ビタミン剤
비타민제
ビタミンジェ

漢方薬
한방제
ハンバンジェ

疲労回復剤
피로회복제
ピィロヘボックジェ

～を下さい
~ 주세요
ジュセヨ

お酒

ビール
맥주
ミェックジュ

CASS
카스
カス

OB
오비
オビィ

HITE
하이트
ハイト

焼酎
소주
ソジュ

チャミスル焼酎
참이슬소주
チャムイスルソジュ

グリーン焼酎
그린소주
グリンソジュ

白ワイン
백포도주
ビェクポドジュ

赤ワイン
적포도주
ジョクポドジュ

ワインクーラー
와인쿨러
ワインクーラー

梅酒
매실주
マェシルジュ

カクテル
칵테일
カクテイル

ウィスキー
위스키
ウィスキー

ファーストフード店

ファーストフード
패스트푸드
ペェストプゥト

マクドナルド
맥도날드
メクドナルドゥ

ウェンディーズ
웬디스
ウェンディズ

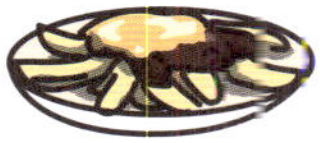

ロッテリア
롯데리아
ロッテリア

バーガーキング
버거킹
ポゴキンク

ピザハット
피자헛
ピザホッ

パリクロワッサン
파리크라상
パリクラサン

コリョダン
고려당
コリョダン

新羅メーカー
신라명과
シンラミョンクヮ

ミスタードーナツ
미스터도나츠
ミスタドナツ

ケンタッキー
KFC
ケイエプシー

ドトール
도토루
ドトル

ピザ

ピザ
피자
ピザ

プルコギピザ
불고기피자
ブルコギピザ

野菜ピザ
야채피자
ヤチェピザ

キムチピザ
김치피자
キムチピザ

チーズクラスト
치즈크러스트
チズクロストゥ

うすい
씬
シン

あつい
펜
ペェン

トッピング
토핑
トッピン

コーン
콩
コン

アンチョビ
안초비
アンチョビ

きのこ
버섯
ボォソッ

ハム
햄
ヘム

トマト
토마토
トマト

ハンバーガー

ハンバーガー
햄버거
ヘンボゴ

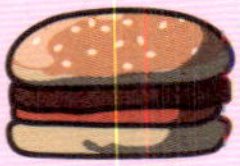

プルコギバーガー
불고기버거
プルゴギボーゴー

チーズバーガー
치스버거
チズボーゴー

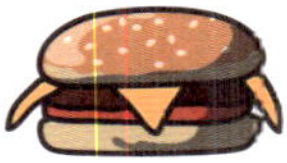

チキンバーガー
치킨버거
チキンボーゴー

ダブルバーガー
더블버거
トゥブルボーゴー

ビッグマック
빅맥
ビックミェック

ウィングセット
윙셋트 , 닭날개셋트
ウィンセットゥ、タックナルゲセットゥ

アップルパイ
애플파이
エプルパイ

シェイク
쉐이크
シェィク

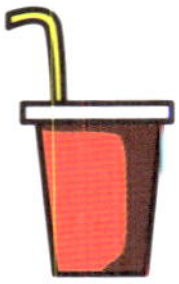

サンデー
선데아이스크림
サンデーアイスクリム

フライドポテト
포테이토
ポテイト

パン

パン
빵
パン

モカパン
모카팡
モカパン

そぼろパン
소보루빵
ソボロパン

ピザパン
피자빵
ピザパン

クロワッサン
크라상
クラサン

サンドウィッチ
샌드위치
サェンドウィチ

ベーグル
베이글
ベイグル

食パン
식빵
シックパン

バゲット
바겟트
バケット

あんパン
단팥빵
ダンパッパン

クリームパン
크림빵
クリムパン

ケーキ
케이크
ケイキ

ドーナツ
도나츠
ドナツ

粉食・フードコート

粉食・フードコート
분식
ブンシック

ラーメン入り餅炒め
라볶이
ラボックキ

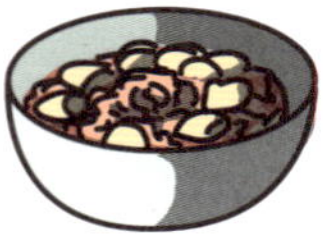

キムチチゲ
김치찌게
キムチチゲ

牛肉丼
소고기덮밥
ソゴギドップバップ

ラーメン
라면
ラミョン

餅いりラーメン
떡라면
トンラミョン

餃子入りラーメン
만두국
マンドゥクック

五目ウドン
잔치국수
ジャンチクックス

カルククス
칼국수
カルクックス

すいとん
수제비
スジェビ

混ぜ麺
비빔국수
ビビィムクックス

スープ冷麺
물냉면
ムルネンミョン

ビビム冷麺
비빔냉면
ビビィムネンミョン

激辛混ぜ麺
쫄면
チョルミョン

素麺
국수
グックス

ビビンパ
비빔밥
ビビィムバップ

石焼ビビンパ
돌솥비빔밥
ドルソッビビィムバップ

山菜ビビンパ
산채비빔밥
サンチェビビィムバップ

牛肉炒飯
소고기볶음밥
ソゴギボコムバップ

もやし入り炒飯
콩나물볶음밥
コンナムルボコムバップ

キムチ炒飯
김치볶음밥
キムチボコムバップ

激辛イカ丼
오징어덮밥
オジィンオドォッバップ

豚肉丼
제육덮밥
ジェユックドォッバップ

オムライス
오무라이스
オムライス

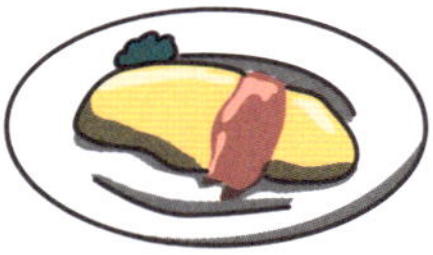

カレーライス
카레라이스
カレライス

みそチゲ
된장찌게
デンジャンチゲ

純豆腐チゲ
순두부찌게
スンドゥブチゲ

餃子
만두
マンドゥ

餅餃子入りスープ
떡만두국
トックマンドゥクック

スープ餃子
만두국
マンドゥクック

粉食・フードコート

餅の甘辛炒め
떡볶이
トックポキ

オデン
오뎅
オデン

腸詰め
순대
スンダェ

腸詰めスープ
순대국
スンデグック

のりまき
김밥
キムバップ

野菜
야채
ヤチェ

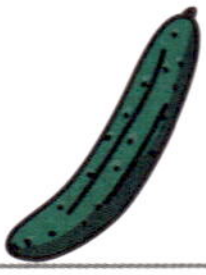

キムチ
김치
キムチ

チーズ
치즈
チィズ

ツナ
참치
チャムチ

牛肉
소고기
ソゴギ

ヌード
누드
ヌゥド

ミックス
믹스
ミックス

コマ（ミニサイズ）
꼬마
コマ

ピザ
피자
ピザ

焼肉
불고기
ブルゴギ

野菜
야채
ヤチェ

フライドチキン
후라이드치킨
フライドチキン

味つき
양념
ヤンニョム

天ぷら
덴뿌라
デンプラ

盛り合わせ
모듬덴뿌라
モドムデンプラ

寿司
초밥
チョバップ

にぎり寿司
주먹밥
ジュムックバップ

盛り合わせ
모듬초밥
モドムチョバップ

マックククス
막국수
マックタス

スープ
물
ムル

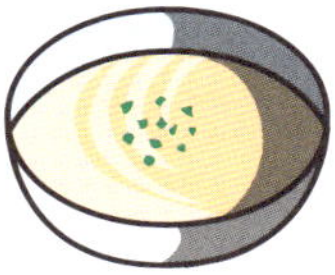

ビビム
비빔
ビビィム

きつねうどん
유부우동
ユブウドン

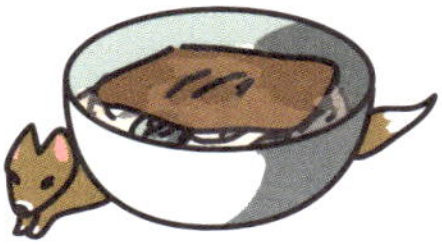

天ぷらうどん
덴뿌라우동
デンプラウドン

カルククス
칼국수
カルグックス

ちゃんぽん麺
짬뽕
チャンポン

ジャージャー麺
짜장면
チャジャンメン

とんかつ
돈까스
トンカス

おつまみ・居酒屋

おつまみ
안주
アンジュ

日本語	한국어	読み方
貝の和え物	골뱅이무침	コルベンイムチム
唐辛子のおやき	고추전	コチュジョン
イカの辛炒め	오징어볶음	オジンオボクム
海鮮おやき	해물파전	ヘムルパジョン
カキの卵付け焼き	굴전	グウルジョン
緑豆のお焼き	빈대떡	ビンダェトック
トウフキムチ	두부김치	ドゥブキムチ
ドトリムック	도토리묵	ドトリムック
じゃがいものおやき	감자전	ガムジャジョン
エイの蒸し物	홍어찜	ホングオチム
にわとりの辛煮	닭도리탕	タックトリタン
生カキの和え物	생굴무침	サェングルムチム
魚の塩焼き	생선구이	センソングイ
手長ダコの辛炒め	낙지볶음	ナッグジボクム
お焼きの盛り合わせ	모듬전	モドムジョン
卵スープ	계란국	ケランクック

おやつと おつまみ

おやつとおつまみ
간식과 안주
カンシクァ アンジュ

チーズ
치즈
チズ

ハム
햄
ヘム

ソーセージ
소세지
ソセジ

ポテトチップ
포테토칩
ポテトチッ

チョコレート
쵸콜렛
チョコルレッ

ゆで卵
삶은 계란
サルムンゲラン

乾きもの
마른 안주
マルンアンジュ

ピーナッツ
피너츠
ピナツ

ゼリー
제리
ジェリ

サラダ
샐러드
セルロドゥ

カップラーメン
컵라면
コップラミョン

カレーライス
카레라이스
カレライス

肉まん
고기만두
ゴギマンドゥ

アイスクリーム
아이스크림
アイスクリム

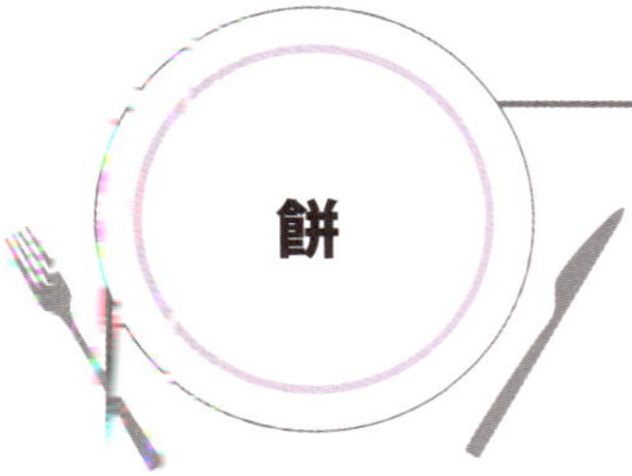

餅
떡
トック

松葉蒸し餅
송편
ソンペョン

こしき餅
시루떡
シルトック

団子
경단
キョンダン

じゃがいも餅
감자떡
カムジャトック

白餅
가래떡
ガレトック

豆餅
콩떡
コントック

板餅
인절미
インジョルミ

薬餅
약밥
ヤックバップ

蜜菓子餅
약과
ヤッククヮ

焼き栗
군밤
グンバム

カキ氷
팥빙수
パッピンス

いちご
딸기
タルギ

レモン
레몬
レモン

ミント
민트
ミント

魚介類

		魚介類 어패류 オペリュ	タイ 돔 , 도미 ドム、ドミ 
 いわし 멸치 , 정어리 ミョルチ、ジョンオリ	タラ 명태 ミェンタェ	太刀魚 갈치 カルチ	いしもち 조기 ジョギ
 エビ 새우 サェウ	カニ 게 ゲ	イカ 오징어 オジングオ 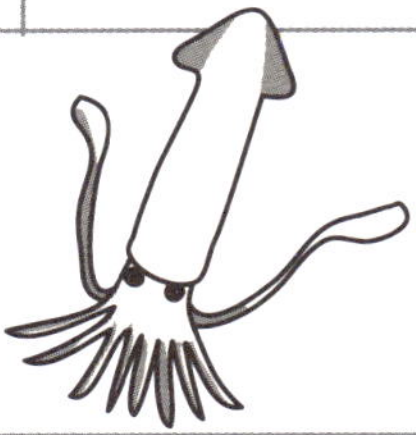	
タコ 문어 ムンオ 		わかめ 미역 ミヨック	かき 굴 グル 
ふぐ 복어 ボックオ	はまぐり 조개 ジョゲェ	あんこう 아구 アグ	あわび 전복 ジョンボク
どじょう 미꾸라지 ミクラジ 	うなぎ 장어 ジャンオ	くじら 고래 コレ 	

野菜類
야채류
ヤチェリュ

白菜
배추
ペェチュ

大根
무우
ムウ

ねぎ
파
パア

かぼちゃ
호박
ホバック

もやし
콩나물
コンナムル

きのこ
버섯
ボソッ

つるにんじん
더덕
ドドック

ほうれん草
시금치
シゴムチ

じゃがいも
감자
カムジャ

キキョウの根
도라지
ドラジ

にら
부추
ブチュ

果物

果物
과일
グァイル

みかん
밀감 , 귤
ミルカム、ギュル

りんご
사과
サグァ

バナナ
바나나
バナナ

ぶどう
포도
ポド

オレンジ
오렌지
オレンジ

すいか
수박
スバック

梨
배
ベニ

柿
감
カム

イチゴ
딸기
タルギ

イラスト／デザイン　姫苺
企画協力　（株）エビデンス

YUBISAHI®
なりきり会話練習帳

韓国
食べ歩き

2012年8月11日　第1刷

編　著　情報センター出版局
発行者　田村隆英
EVIDENCE CORPORATION
発行所　株式会社情報センター出版局
〒160-0004　東京都新宿区四谷2-1　四谷ビル
電話　03-3358-0231
振替　00140-4-46236
URL：http://www.4jc.co.jp
http://www.yubisashi.com

印刷製本　モリモト印刷株式会社

 ISBN 978-4-7958-4883-2

おかげさまで450万部突破！

大好評の「旅の指さし会話帳シリーズ」一覧

【旅の指さし会話帳】

1	タイ［第三版］	1,400円
2	インドネシア［第三版］	1,400円
3	香港［第三版］	1,400円
4	中国［第三版］	1,400円
5	韓国［第三版］	1,400円
6	イタリア［第三版］	1,400円
7	オーストラリア［第二版］	1,300円
8	台湾［第二版］	1,300円
9	アメリカ［第二版］	1,300円
10	イギリス［第二版］	1,300円
11	ベトナム［第二版］	1,500円
12	スペイン［第三版］	1,400円
13	キューバ	1,700円
14	フィリピン［第二版］	1,400円
15	マレーシア［第二版］	1,400円
16	モンゴル	1,700円
17	フランス［第二版］	1,300円
18	トルコ［第二版］	1,500円
19	カンボジア［第二版］	1,800円
20	ドイツ［第二版］	1,300円
21	JAPAN［英語版］	1,500円
22	インド	1,500円
23	ブラジル	1,500円
24	ギリシア	1,500円
25	ネパール	1,800円
26	ロシア	1,700円
27	JAPAN［韓国語版］	1,500円
28	メキシコ	1,600円
29	オランダ	1,600円
30	スウェーデン	1,800円
31	デンマーク	1,800円
32	カナダ	1,500円
33	JAPAN［中国語（北京語）版］	1,500円
34	ハワイ	1,300円
35	フィンランド	1,800円
36	チェコ	1,800円
37	上海	1,400円
38	シンガポール	1,500円
39	エジプト	1,700円
40	アルゼンチン	1,700円
41	アフガニスタン	1,600円
42	北朝鮮	1,700円
43	ニューヨーク	1,400円
44	ミャンマー	1,800円
45	北京	1,400円
46	イラク	1,800円
47	モロッコ	1,800円
48	オーストリア	1,700円
49	ハンガリー	1,800円
50	ルーマニア	1,800円
51	アイルランド	1,800円
52	ポルトガル	1,700円
53	ジャマイカ	1,800円
54	ニュージーランド	1,500円
55	モルディブ	1,800円
56	スリランカ	1,800円
57	ノルウェー	1,800円
58	ポーランド	1,800円
59	西安	1,600円
60	ケニア	1,800円
61	グアム	1,300円
62	ペルー	1,700円
63	雲南	1,600円
64	ラオス	1,800円
65	チベット	1,800円
66	ベルギー	1,500円
67	KYOTO【京ことば】	1,500円
68	サイパン	1,300円
69	JAPAN【スペイン語版】	1,500円
70	タヒチ	1,800円
71	スイス	1,600円
72	イラン	1,800円
73	クロアチア	1,800円
74	バリ	1,300円
75	パキスタン	1,800円
76	南インド	1,800円
77	チュニジア	1,800円
78	ドバイ	1,500円
79	JAPON【フランス語版】	1,500円
80	スロバキア	1,800円
	東南アジア【9カ国】	1,500円
	ヨーロッパ【9カ国】	1,500円

【ビジネス指さし会話帳】

1	中国語	1,500円
2	英語	1,500円
3	タイ	1,500円
4	台湾華語	1,500円
5	韓国語	1,500円

【暮らしの日本語指さし会話帳】

1	フィリピン語版	1,500円
2	ポルトガル語版	1,500円
3	中国語版	1,500円
4	英語版	1,500円
5	韓国語版	1,500円
6	スペイン語版	1,500円

【食べる指さし会話帳】

1	タイ	1,200円
2	韓国	1,200円
3	ベトナム［第二版］	1,500円
4	台湾	1,500円
5	中国	1,500円
6	フランス	1,500円
7	イタリア	1,500円
8	インドネシア	1,700円
9	JAPANESE FOOD	1,500円

【遊ぶ指さし会話帳】

ダイビング（英語）　1,500円

【恋する指さし会話帳】

1	英語編	1,400円
2	フランス語編	1,500円
3	フィリピン語編	1,300円
4	韓国語編	1,500円
5	インドネシア語編	1,500円

【旅の指さし会話帳　国内編】

1	沖縄	1,400円
2	大阪	1,400円

【旅の指さし会話帳 mini】

韓国	グアム
中国	ベトナム
タイ	スペイン
イタリア	バリ
フランス	英語
ハワイ	上海
香港	ドイツ
台北	JAPAN【英語版】

各680円

【ワンテーマ指さし会話 とっておきの出会い方シリーズ】

韓国×鉄道
韓国×マッコリ酒場
韓国×雑貨
韓国×ビューティ
韓国×カフェ
韓国×K-POP

各880円

【YUBISASHI COMICS】

韓国エンタメ会話帳　1,200円

シリーズ続々刊行予定！　価格はすべて税別